Die Reihe
AUF SCHIENEN UNTERWEGS

LINIEN, DIE VERBINDEN

Mit Straßenbahn und Bus durch Wien

Ein Weichensteller bei seiner Arbeit.

Die Reihe
AUF SCHIENEN UNTERWEGS

LINIEN, DIE VERBINDEN

Mit Straßenbahn und Bus durch Wien

Elfriede Faber und Heinz Jankowsky

SUTTON
VERLAG

Sutton Verlag GmbH
Hochheimer Straße 59
99094 Erfurt
http://www.suttonverlag.de

ISBN: 978-3-86680-248-3

Druck: Asterim Ltd., Chalford | GL, England

Vom Schwarzenbergplatz aus begannen die beliebten Rundfahrten für Fremde „Rund um Wien", vor allem über Ring und Kai, wo sich die Hauptsehenswürdigkeiten befinden.

Inhaltsverzeichnis

Die Kapitel 1, 2, 5, 7, 8 sowie die Linien 46, 58, 59, 60, 64 und J wurden von Elfriede Faber gestaltet.

Die Kapitel 4, 6, 9 sowie die Linien 49, 52, 57, 58, die Bilder aus Donaustadt und Favoriten stammen von Heinz Jankowsky.

Das Kapitel 11 wurde gemeinsam erstellt. Herausgeber ist die ARGE Wiener Bezirksmuseen.

Ein Straßenbahnzug der Linie 5 biegt von der Josefstädterstraße in die Albertgasse ein. Linker Hand ist noch das Gebäude des ehemaligen Lamberg'schen Besitzes zu sehen, das 1785 der Buchdrucker Johann Thomas Trattner erwarb und das 1816 in den Besitz des Militärs überging. Es war zuerst Militärspital und ab 1875 Militärbettenmagazin und Druckerei des Militärgeographischen Institutes. Im Jahre 1903 wurde das Objekt demoliert und die Albertgasse eröffnet. Auf der rechten Seite ist noch die Reiterkaserne zu sehen, die ebenfalls 1903 abgerissen wurde. Die Aufnahme stammt aus dem Jahre 1898.

Einleitung

Nach dem Fall der Stadtmauer und der damit verbundenen Stadterweiterung Wiens 1857 wurden in der Folge die Ringstraße, der Kai, die Lastenstraße – im Volksmund auch 2er-Linie genannt – angelegt und von hier führten dann Radialstraßen in die 34 Vorstädte und später in die Vororte. Nach dem Fall des Linienwalles 1894 entstand in der Folge der Gürtel und damit eine weitere wichtige Straße. Nun war es notwendig, ein Liniennetz anzulegen. Am 4. Oktober 1865 fuhr die erste von privater Hand betriebene Pferdetramway vom Schottentor über die Alser Straße bis in die Wattgasse, also fast wie heute die Linie 44. Im Jahre 1868 ging diese Strecke in den Besitz der Wiener Tramway-Gesellschaft über. Weitere Gesellschaften wurden errichtet, bis schließlich ab dem 1. Juli 1903 alle Straßenbahnstrecken von der Gemeinde Wien betrieben wurden. Die einzelnen Linien waren mit Farbsymbolen gekennzeichnet, 1907 wurde das heutige Linienschema eingeführt. Man beschloss auch, das Liniennetz auszubauen und auf elektrischen Betrieb umzustellen. Der letzte Zug der Pferdebahn fuhr am 27. Juni 1903 auf der Strecke Schottenring–Liechtensteinstraße.

Die meisten nun folgenden Straßenbahn-Neubauten erfolgten in den Jahren bis 1913. Waren bis dahin vor allem die inneren Bezirke Wiens straßenbahnmäßig erschlossen, wurden nun die Randbezirke einbezogen. Wichtig für die Verkehrsverbindungen war die Einbindung der Stadtbahn in das Wiener Verkehrsnetz. Die Stadtbahn mit Gürtel-, Wiental- und Donaukanallinie wurde 1895 bis 1901 nach der Planung von Otto Wagner erbaut. Sie wurde zuerst mit Dampf betrieben, nach dem Ersten Weltkrieg elektrifiziert.

Infolge des Zweiten Weltkriegs und der dadurch verursachten Schäden an Wagen und Gleisanlagen musste mit dem Wiederaufbau begonnen werden. Doch schon am 29. April 1945 konnte der Betrieb auf fünf Radiallinien wieder aufgenommen werden.

Im Gegensatz zu anderen Großstädten begann man relativ spät über den Bau einer U-Bahn nachzudenken, da der Individualverkehr rasant zugenommen hatte. Ab 1981 stand ein 26 Kilometer langes Grundnetz zur Verfügung, das bis zum heutigen Tag systematisch ausgebaut wird. Damit verbunden war, dass viele Linien aufgelassen oder verkürzt wurden. Auch setzte in den 1960er-Jahren die Umstellung der Straßenbahn auf den Autobusverkehr ein.

Nach diesem kurzen Überblick über die Wiener Straßenbahnlinien ist zum Aufbau des Buches folgendes zu sagen: Ausgangspunkt ist die Innere Stadt. Dann folgen jene Plätze, die Ausgangspunkte für viele Linien waren bzw. sind – Schottenring, Bellaria, Karls-, Schwarzenberg- und Schwedenplatz. Danach folgen die Gürtellinien mit Stadtbahn und Zweierlinie. Wichtige Radial- und Buchstabenlinien werden danach behandelt. Den Schluss bildet die Arbeitswelt der Straßenbahnbediensteten, die Entwicklung der Verkehrsmittel und die, Gott sei Dank, wenigen Unfälle, in die Straßenbahnen verwickelt waren. Keineswegs wird der Anspruch auf

Vollständigkeit erhoben. Nebenbei soll aber erwähnt werden, dass dieses Buch einen Beitrag zum „Tag der Wiener Bezirksmuseen“ darstellt.

Alle Bilder wurden von den Wiener Bezirksmuseen oder Privatpersonen bereitgestellt. Herzlichen Dank.

Herausgeberin dieser Publikation ist die Arbeitsgemeinschaft der Wiener Bezirksmuseen. Als Präsidentin dieser Organisation danke ich allen Museumsleiterinnen und Museumsleitern für ihre Hilfe und auch dafür, dass wir auf ihre Archive zurückgreifen konnten. Der Dank gilt auch meinem Mitautor, Herrn Dr. Heinz Jankowsky, für die freundschaftliche und kreative Zusammenarbeit an diesem Buch.

Dr. Elfriede Faber
im Januar 2008

Eine Schaffnerin betätigte sich während des Ersten Weltkriegs als Weichenstellerin.

1

Von der Inneren Stadt in die Vorstädte und Vororte

Vom Schottentor rollten 1865 die ersten Wagen der Pferdetramway nach Hernals. Vom Neuen Markt in der Inneren Stadt fuhr die Straßenbahnlinie 58 nach Unter St. Veit und die Linie 59 nach Lainz. Nach dem Zweiten Weltkrieg fuhren die Straßenbahnen noch einige Zeit vom Zentrum Wiens in die Vorstädte und Vororte. Doch dann wurde die Innere Stadt mit ihren historischen Plätzen und Gassen straßenbahnfrei gemacht. Entlang des Ringes und Kais befanden sich nun die Ausgangspunkte für die diversen Linien, um die inneren und äußeren Bezirke von Wien zu erschließen. Damit ergab sich auch eine veränderte Linienführung.

Diese Aufnahme stammt aus dem Ersten Weltkrieg. Da die Männer im Feld waren, mussten die Frauen als Schaffnerinnen bei der Straßenbahn Dienst machen. Genau dieselbe Situation trat auch wieder im Zweiten Weltkrieg ein.

Um 1900 herrschte in der Kärntnerstraße reger Verkehr mit Waggons, die von Pferden gezogen wurden. Sie hatten eine offene Plattform und wurden von einem Kutscher geführt. Dieser Wagen fuhr vom Stadtzentrum nach Döbling.

Auf dem Neuen Markt fahren im Jahre 1927 je eine Garnitur der Linie 58 und 59 vor dem Hotel Meissl und Schaden. In diesem Haus pflegte Ministerpräsident Graf Stürgkh zu speisen. 1916 wurde er im Speisesaal dieses Hotels von Friedrich Adler erschossen. Heute steht hier das Hotel Europa.

Der Autobus mit der Nummer 8 kommt von der Wollzeile zur Kreuzung Dr.-Karl-Lueger-Platz und Ring. Er fuhr vom Elterleinplatz nach St. Marx. Typisch für ihn war die Reklametafel der Firma Krupnik, eines bekannten Kleidermodengeschäftes. Ein Polizist regelte bereits den Verkehr auf der Kreuzung.

Die Straßenbahnillustrierte „ring rund" wurde ab 1954 herausgegeben. Die Journale hingen an kleinen Nylonschnürchen in den Waggons. Gelegentlich schmückten Publikumslieblinge die Titelseite, ein andermal fesche Schaffnerinnen. Die Zeitung diente auch dazu, die Fahrgäste mit Neuigkeiten der Wiener Linien vertraut zu machen.

Auf dem Ring und Kai fuhren einst die Linien Ak und Bk. Diese Straßenbahn fährt an der Universität vorbei, im Vordergrund sieht man das Liebenbergdenkmal mit der Viktoria. Eine Säule erinnert an den Bürgermeister Andreas Liebenberg (1627–1683), der sich große Verdienste während der Zweiten Türkenbelagerung im Jahre 1683 erworben hatte.

Eine Streckentafel der Wiener Verkehrsbetriebe für die Ringlinie Ak. Die Tafel stammt aus der Zeit vor 1981.

2

Vom Schottentor aus

Schon immer war der Platz am Schottentor ein Verteilerzentrum für den Verkehr. Fuhren hier früher schon die erste Pferdetrams über die Alserstraße, so fahren auch heute noch die Linien 37, 38, 40, 41, 42, 43, 44 von hier in die westlichen Bezirke Wiens, nach Ottakring, Hernals, Gersthof, Währing, Pötzleindsdorf, Sievering und Grinzing. Auch die U2 hat hier eine Haltestelle.

Das Bauwerk, vor dem die Trams bei der Universität ihre Wendeschleife fahren, wird im Volksmund Jonas-Reindl genannt, nach dem Wiener Bürgermeister Franz Jonas (1899–1974). Im Hintergrund ist die Votivkirche zu sehen.

Ein Triebwagen der Linie 37 auf der Döblinger Hauptstraße. Das Foto stammt aus der Zeit nach 1945, als der 37er von der Hohen Warte nur bis zum Währinger Gürtel fuhr.

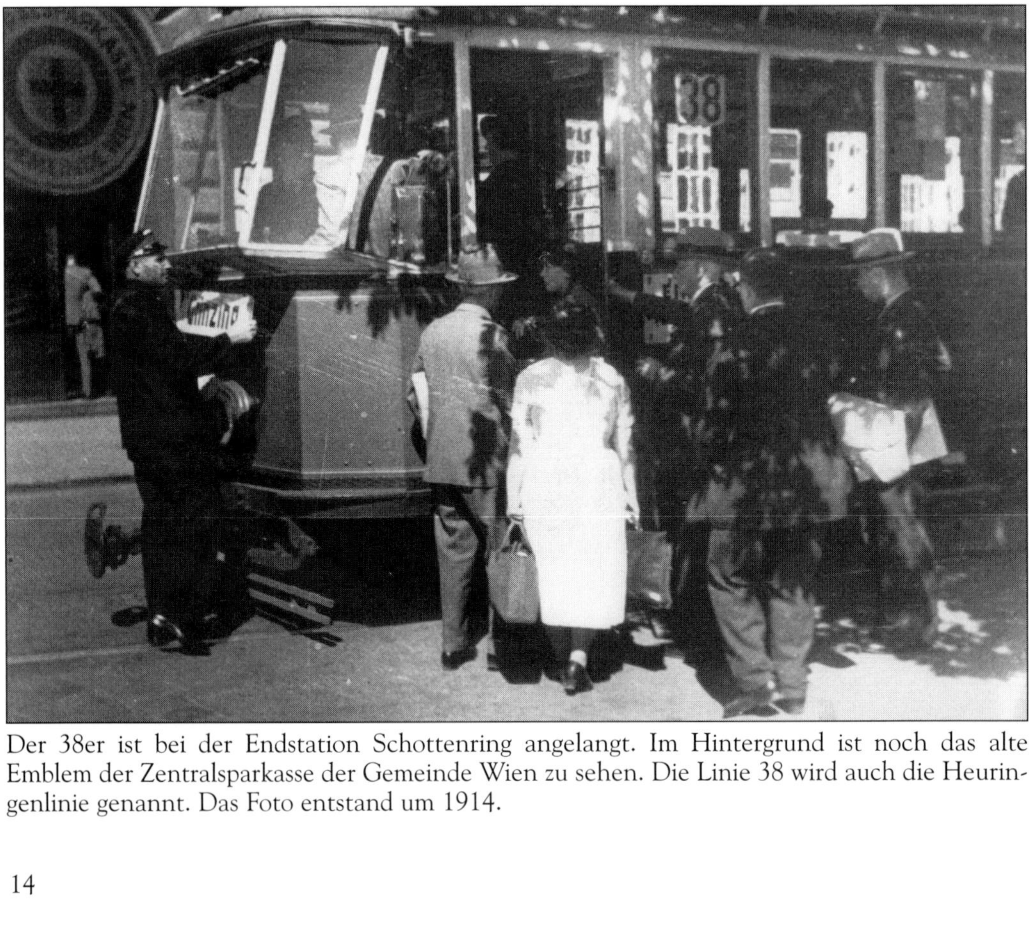

Der 38er ist bei der Endstation Schottenring angelangt. Im Hintergrund ist noch das alte Emblem der Zentralsparkasse der Gemeinde Wien zu sehen. Die Linie 38 wird auch die Heurigenlinie genannt. Das Foto entstand um 1914.

Ein Zug der Linie 39 fährt die Sieveringerstraße entlang.

Diese Aufnahme, die um 1900 entstand, bietet einen Blick auf die Stadtbahnbrücke Nußdorferstraße, unter der ein Straßenbahnzug der Linie 39 fährt. Schon 1848 spielte das Wirtshaus „Zum Auge Gottes" eine Rolle, von seinem Dach aus wurde auf die Wiener geschossen, die daraufhin einen Ausfall machten.

Die Linien 37 bis 42 passieren die Volksoper am Währinger Gürtel. Hier präsentiert sich das 1898 errichtete Gebäude noch in seinem Urzustand. Die Volksoper gehörte früher zum 18. Bezirk.

Der beliebte Kutschkermarkt im 18. Bezirk in der Währingerstraße wird von den Linien 41 und 42 angefahren.

Vom Kutschkermarkt aus hat man einen guten Blick auf das Währinger Amtshaus mit seinem markanten Turm, das von 1890 bis 1891 erbaut wurde. In diesem Gebäude befindet sich auch das Bezirksmuseum Währing.

Der 41er fährt am Haus Gersthofer Straße 129 vorbei. Hier wurde Hofkriegsrat Lydl von Schwanau (1670–1749) geboren, der nach seiner Pensionierung wieder in sein Geburtshaus zog. Er besaß genug Geld, um die Gersthofer Kirche – erbaut 1735 bis 1739 – zu stiften, mit der Auflage, in dieser begraben zu werden. So geschah es auch.

Die Endstation des 41er ist in Pötzleinsdorf. Von dort führte eine O-Buslinie über Neustift am Walde nach Salmannsdorf. Auch O-Busse befuhren diese Strecke. Das Foto, das um 1908 entstand, zeigt den O-Bus noch in der alten Pötzleinsdorferstraße, die später an dieser Stelle verbreitert wurde.

Die O-Bushaltestelle in der Hameaustraße in Salmannsdorf im 19. Bezirk.

Jede Art von Fortbewegungsmittel verkehrt auf der Alserstraße/Kreuzung Spitalgasse: im Mittelpunkt die bereits elektrifizierte Straßenbahn, weiters Kutschen, Lastfuhrwerke, Handkarren. Rechts sind die Alserkirche, in der Ludwig van Beethoven eingesegnet wurde, sowie das Findelhaus, das erst 1910 abgerissen wurde, zu sehen. Erst dann konnte die Lange Gasse, die nur bis zur Laudongasse führte, zur Alserstraße verlängert werden.

Die Haltstelle an der Kreuzung Alserstraße und Lange Gasse vor dem Allgemeinen Krankenhaus zeigt noch einen Wagen der Linie C, der zum Johann-Nepomuk-Berger-Platz fährt und der laut Ankündigung mit 14. Feber 1960 aufgelassen wird.

„Nasse Räder" bekamen die Linien H2 und 43 bei der Überschwemmung der Hernalser Hauptstraße durch den Alserbach. Ausgelöst wurde dieses Hochwasser durch starke Gewitter. Ende des Zweiten Weltkrieges ließen Luftangriffe und Bombenschäden die Als von Zeit zu Zeit aus ihrer Einwölbung herausströmen.

Die Kreuzung Hernalser Hauptstraße, Jörgerstraße und Elterleinplatz. Ein Zug der Linie H2 passiert das Sparkassengebäude. Der heutige Bau der ehemaligen Zentralsparkasse – heute BA-Unikredit – entstand im Jahre 1911. In diesem Haus ist seit 1966 das an Exponaten so reiche Bezirksmuseum Hernals untergebracht.

Die Hauptlinie durch Hernals ist der 43er, der bereits seit 1907 unterwegs ist. Seine Endstelle hat er in der Dornbacherstraße 112. Seinerzeit fuhr er noch bis Neuwaldegg. Auf dem Foto sieht man die Gleise bei der Annenkapelle, die bis 1953 bestanden. Auf der Plakatwand ist die Werbung für ein Gesichtswasser für Männer „Pitralon“ zu sehen, das in der Nachkriegszeit zum Inbegriff für das spätere after shave wurde.

Bei der Straßenbahn gab es den Beruf des Schienenritzenkratzers, der die Schienen rein hielt. Er wurde im Volksmund auch „Gleisböhm" genannt, weil in diesem Berufszweig viele Böhmen anzutreffen waren. Die Aufnahme stammt aus dem Jahre 1935.

3

Von der Bellaria weg

Die Bellaria, frei übersetzt „Gute Luft“, kann ihrem Namen heute nicht mehr gerecht werden. Vor dem Gebäude haben drei Linien ihren Ausgangspunkt: 46, 48 und 49. Die Linie 49 verdankt ihr Bestehen einer Änderung der Linienführung der U3. Diese sollte ursprünglich durch die Lindengasse geführt werden und somit wäre der 49er eingestellt worden. Erst durch die Planänderung der Linienführung der U3 unterhalb der Mariahilfer Straße konnte die Linie 49 weiter bestehen und so kann man auch heute noch von der Bellaria zum Rapid-Hanappi-Stadion fahren. Vielen älteren Wienern ist die Bellaria noch als Sitz der sowjetischen Besatzungsmacht in Erinnerung. Damals zierten riesige Plakate von Lenin, Stalin und Karl Marx die Stirnfront des Palais Epstein. Später war das Haus Sitz des Wiener Stadtschulrates. An diese Zeit erinnert noch ein Porträt-Relief des großen Schulpädagogen Otto Glöckel, der schon nach dem Ersten Weltkrieg für die Gesamtschule der 6- bis 14-Jährigen eintrat. Heute dient das Palais als Büro des Parlaments.

Der 46er fährt von der Bellaria bis zum Joachimsthalerplatz in Ottakring. Mit ihren 4,8 Kilometern Länge gehört diese Linie zu den kürzeren und eine Fahrt von Endstelle zu Endstelle dauert ca. 18 Minuten. Auf dem Foto aus der Zeit um 1967 fährt der 46er Richtung Stadt am Palais Auersperg vorbei, das Studentenheim der Akademikerhilfe links ist gerade im Bau, ebenso die provisorischen Gebäude der UNIDO.

Die Kreuzung Lerchenfelder Gürtel und Thaliastraße mit dem großen gründerzeitlichen „Thaliahof“. Vorher stand auf diesem Areal und dem des gegenüberliegenden Gebäudes, der Fußbodenfabrik Claus und Braune, das Thaliatheater, das 1856 gegründet wurde. In diesem Sommertheater wurde Richard Wagners „Tannhäuser“ 1857 zum ersten Mal in Wien aufgeführt. Im Jahre 1870 wurde das Gebäude demoliert.

Das Thaliatheater stand in der Thaliastraße 2 und gab der Straße ihren Namen.

Der Brunnenmarkt um 1914. Er reicht von der Yppengasse (Yppenmarkt) bis zur Thaliastraße. Schon seit dem 18. Jahrhundert wird hier ein Markt abgehalten. In den letzten Jahren hat sich rund um das Marktgeschehen eine lebhafte Gastronomieszene entwickelt.

Abschied von der letzten Pferdetramway in der Ottakringerstraße im Jahre 1901. Die Stallungen waren gegenüber der Lienfeldergasse. Das Foto wurde gestellt, da sich die Wagen nicht mehr auf den Schienen befinden.

Die Remise der Linie 46 am Joachimsthalerplatz. Heute ist diese Remise aufgelassen und mit einem Wohnhaus überbaut.

Der 47er (ohne Beiwagen) wurde am 12. Jänner 1908 eröffnet, die Linie fuhr auf einem eigenen Gleiskörper ab dem Joachimsthalerplatz in Richtung Steinhof. Bevor die neue Flötzersteigbrücke gebaut wurde, konnte man nur bis zur Brücke fahren. Später war die Linie durchgängig bis zur Baumgartner Höhe. Die Linie 47 wurde 1962 aufgelassen und durch einen Autobus ersetzt. Das Foto entstand um 1914.

Die Endstation der Linie 47 auf der Baumgartner Höhe. Die Straßenbahn ist gerade auf dem Weg in die Maroltingergasse. Als man 1962 den Flötzersteig als Autostraße ausbaute, wurde die Straßenbahn durch einen Autobus ersetzt. Das Foto entstand 1955.

Die Wendeschleife bei der Bellaria.

Das Volkstheater in den 1930er-Jahren.

Ein Zug der Linie 49 vor dem Volkstheater, wie sich dieses nach dem Zweiten Weltkrieg lange Zeit präsentierte.

Die Siebensterngasse in den 1950er-Jahren.

Ein Zug der Linie 49 in der Siebensterngasse.

Die Ecke Westbahnstraße und Neubaugasse. Am zweiten Haus links ist die Gedenktafel für Carl Michael Ziehrer zu sehen, der hier geboren wurde. Man beachte den Linksverkehr, der Mitte der 1930er-Jahre noch herrschte.

Die Westbahnstraße mit Blick auf die Schottenfeldkirche.

In der Westbahnstraße 36 wohnte der berühmte Maler Gustav Klimt. Lange Zeit hatte er sein Atelier in der Josefstädterstraße 21.

Das Hauptgebäude der Wiener Städtischen Bibliothek am Urban-Loritz-Platz. Am oberen Bildrand ist ein Teil der Überdachung des Platzes zu sehen.

Die Remise in Breitensee.

Nur kurze Zeit verkehrten Doppelstock-Wägen auf der Linie 49.

Die Endstation Hütteldorf.

Heute wird man die Linien 52, 57 und 58 weder in der Babenbergerstraße, noch in der Gumpendorfer Straße und auch nicht in der Mariahilfer Straße finden. Durch den U-Bahn-Bau und die Umstellung auf Autobusbetrieb sind sie teilweise aus diesen Straßen verschwunden. Die Linien 52 und 58 haben heute ihre Endschleife beim Westbahnhof und die Linie 57 wurde durch einen Autobus ersetzt. Man beachte die dichte Zugsfolge in der Babenbergerstraße in den 1920er-Jahren.

Ein Zug der Linie 57 in der Gumpendorferstraße.

Straßenbahnen mit den Linienbezeichnungen Z und L um 1910 vor der Stiftskirche.

Eine Pferdestraßenbahn mit Vorreiter in der Mariahilfer Straße. Im Hintergrund ist die Theobaldkirche zu sehen, die im Zuge der Straßenverbreiterung abgerissen und 1906/07 in der nahen Windmühlgasse in fast unveränderter Form neu errichtet wurde.

Die Linie 51 vor dem Kaufhaus Gerngross in der Mariahilfer Straße, um 1910.

Typisch für die Linien 52 und 58 waren die „Heidelberger"-Triebwagen, die als Kriegsstraßenbahnwägen konzipiert wurden. Hier sieht man einen „Heidelberger" in Unter St. Veit im Jahre 1949.

So sah es vor dem Kaufhaus STAFA in den 1920er-Jahren aus.

Die Station Hietzing war und ist ein Verkehrsknotenpunkt für die Verbindungen sowohl nach Süden als auch nach Westen. Von hier aus hatte man Anschluss über die Linie 59 nach Lainz, der 60er fährt nach Mauer und seinerzeit der 360er nach Mödling. Mit der Linie 158 kam man von Unter St. Veit nach Ober St. Veit. Das Foto wurde 1928 aufgenommen. Das Stationsgebäude steht heute nicht mehr, der Otto-Wagner-Bau wurde 1962 abgerissen und durch ein neues Gebäude ersetzt.

Ein Detail der alten Hietzinger Brücke, die von Friedrich Ohmann als Kaiser-Franz-Joseph-Brücke errichtet wurde. Heute steht hier seit 1964 die Kennedy-Brücke, die den 13. mit dem 14. Bezirk verbindet.

Ein Übersichtsfoto von 1961 zeigt die Stadtbahn – heute U4, den Wienfluss, die Haltestelle Hietzing und den Kaiserpavillon von Otto Wagner, eine ehemalige Privatstation für Angehörige des Kaiserhauses. Der Pavillon wird jetzt als Außenstelle des Wien Museums für gelegentliche Ausstellungen benutzt. Über die Hadikgasse fährt ein Straßenbahnzug ein.

Die Situation an der Stadtbahnhaltestelle Hietzing um 1915. Im Hintergrund erkennt man die Hietzinger Kirche am Platz, wo sich auch das Bezirksmuseum 13 befindet. Von der Brücke fährt ein Triebwagen der Linie 57 stadteinwärts, Endstation ist die Eschenbachgasse.

Die Linie 58 auf dem Weg nach Unter St.Veit in der Kurve von der Hietzinger Hauptstraße in die Hummelgasse. Das Foto stammt aus den Jahren um 1964.

Ein 58er bei der Endstation Ober St. Veit. Schon 1887 gab es mit der Dampftrambahn eine Verbindung von Hietzing nach Ober St.Veit.

Ihre Abschiedsfahrt absolvierte die Straßenbahnlinie 158 nach Ober St. Veit im Jahre 1958.

Die Speisingerstraße um 1933 mit der Straßenbahn-Linie 62. Speising war noch bis nach dem Zweiten Weltkrieg eine ländlich geprägte Gemeinde.

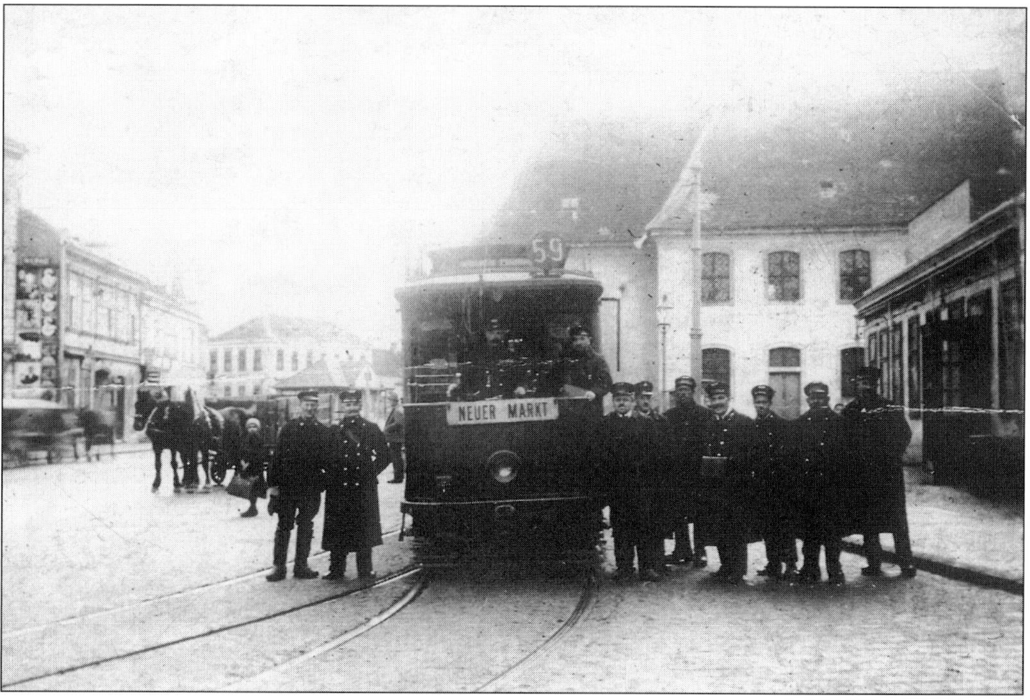

Der 59er von Lainz auf dem Weg zum Neuen Markt. Die Aufnahme entstand nach 1911.

Die Endstation der Linie 60 in Mauer mit Weiterverbindung 360 nach Mödling. Diese Linie war besonders am Sonntag sehr beliebt, da die Wiener gerne Ausflüge nach Rodaun unternahmen. Auch der berühmte Schauspieler Paul Hörbiger nutzte diese Straßenbahn für seinen Sonntagsausflug und unterhielt manchmal die Kinder im Waggon.

Diese Aufnahme wurde im Führerstand der Straßenbahn 64 gemacht. Die Linie fuhr vom Westbahnhof über Meidling nach Siebenhirten, sie wurde mit der Inbetriebnahme der U6 aufgelassen. Rechts sieht man die Türme des Wohnparkes Alt-Erlaa, erbaut vom Architekten Harry Glück.

4

Von Platz zu Platz

Der Karlsplatz stellte die Wiener Stadtplaner in den letzten 150 Jahren vor große Herausforderungen. Der bekannte Architekt und Stadtplaner Otto Wagner beschäftigte sich ebenfalls mit diesem Platz. Seine Idee für ein Kaiser-Franz-Josef-Stadtmuseum wurde jedoch nicht verwirklicht. Das Wien Museum wurde 1959 fertiggestellt. Die übrige Gestaltung des Platzes wurde dann, wie böse Zungen behaupten, dem Stadtgartenamt überlassen. Ein kurze Wegstrecke weiter kommt man zum Schwarzenbergplatz. Die Mitte des Platzes wird vom Schwarzenberg-Denkmal eingenommen. Hier hat die Linie 71 ihren Ausgangspunkt. Am Schwarzenbergplatz wurde auch die erste Wiener Mc-Donalds-Filiale eröffnet, der man zunächst kein langes Bestehen prophezeite. Einen weiteren Verkehrsknotenpunkt bildet heute der Schwedenplatz. Hier treffen die Ringlinien 1 und 2 auf die U1, die Linien N und 21. Nicht weit von der U-Bahn-Station befindet sich eine Abfahrtsstelle für Busse zum Flughafen Schwechat. Den Namen erhielt der Schwedenplatz als Dank für die großzügige Hilfe Schwedens nach dem Ersten Weltkrieg.

Der Karlsplatz mit der von Fischer von Erlach errichteten Karlskirche.

Am Anfang der Wiedner Hauptstraße auf den Freihausgründen hatte der Naschmarkt seinen ersten Standort. 1914/15 wurde er auf das Areal zwischen Linker und Rechter Wienzeile verlegt. Die Aufnahme von 1893 zeigt die Wiedner Hauptstraße mit Blickrichtung auf den Stephansdom.

Die Linie 62 in der Wiedner Hauptstraße vor dem U-Bahn-Bau im Jahre 1969.

Die Linie 61 unterwegs in der Rechten Wienzeile.

Ein Zug der Linie 62 in der Eichenstraße.

Winter in den 1950er-Jahren.

Winter in der Breitenfurter Straße im Jahre 1910.

Hetzendorf auf einer Ansicht aus der Zeit um 1910.

Die Linie 62 in der Hetzendorfer Straße.

Die Linie 62 bei der Bahnunterführung in der Hetzendorfer Straße.

Die Philadelphiabrücke um 1910.

Die Linie 71 wird im November ganz besonders frequentiert, führt sie doch zum Zentralfriedhof. Dieser kommunale Friedhof lag ursprünglich gar nicht auf Wiener Stadtgebiet. Daher machte man sich – teils absurde – Gedanken über den Transport der Leichen zum Friedhof. So wollte man die Verstorbenen sogar mittels einer Rohrpostleitung transportieren. Nach dem Ersten Weltkrieg errichtete die Verwaltung des „Roten Wien" das Krematorium als ersten größeren kommunalen Bau. Clemens Holzmeister baute es auf dem Gelände des Neugebäudes, wobei er wenig Rücksicht auf das Renaissance-Schloss nahm. Das obere Bild zeigt, dass sich die Simmeringer Hauptstraße in den 1950er-Jahren noch ihren ländlichen Charakter bewahrt hatte. Unten sieht man die Haltestelle Braunhubergasse der Linie 71 in den 1930er-Jahren.

Der Schwarzenbergplatz, hier auf einem Foto um die Jahrhundertwende, ist der Ausgangspunkt der Linie 71.

Der Hochstrahlbrunnen auf dem Schwarzenbergplatz wurde im Jahre 1873 anlässlich der Vollendung der ersten Hochquellenwasserleitung errichtet. Im Hintergrund ist das Palais Schwarzenberg zu sehen. Die Aufnahme entstand um 1900.

Das Heldendenkmal der Roten Armee am Schwarzenbergplatz.

Das Denkmal für Papst Johannes Paul II. vor der Polnischen Kirche, auch Gardekirche genannt, am Rennweg.

Das Amtshaus für den 11. Bezirk, in dem auch das Bezirksmuseum seine Heimat hat.

Die schon 1267 erwähnte Pfarre St. Laurenz auf der Simmeringer Hauptstraße mit einem Zug der Linie 73, die heute auf Autobus-Betrieb umgestellt ist.

Gegenüber dem 1. Tor des Zentralfriedhofs befand sich die Verkaufsstelle eines Steinmetz' mit der riesigen Christusstatue.

Schloss Neugebäude wurde nie fertiggestellt, die Bauteile wurden für den Ausbau der Gloriette in Schönbrunn verwendet.

Die 1910 errichtete Karl-Borromäus-Kirche auf dem Zentralfriedhof. Allgemein wird diese Kirche als „Luegerkirche“ bezeichnet, weil sich in der Gruft die Begräbnisstätte des Wiener Bürgermeisters Karl Lueger befindet.

Der Blick auf die Taborstraße vom Schwedenplatz aus. Das alte ÖMV-Gebäude wird gerade abgerissen, das Haus der UNIQUA-Versicherung steht noch.

Der Eingang ins neue Messegelände.

Das neue Wahrzeichen des Messegeländes, das bald nach seiner Vollendung im Volksmund den Namen „Strizzi-Tower“ erhielt.

Die „Grüne Hütte“ ist vielen Wienern deshalb ein Begriff, da man hier auch am Sonntag Lebensmittel kaufen konnte, lange bevor manche Lebensmittelketten ihre Filialen auf Sonntags-Öffnung umstellten.

Das neue Einkaufszentrum beim Stadion.

Das Pensionistenwohnhaus Prater in der Engerthstraße.

So sah der Ort vor Errichtung des Hauses Prater in den 1920er-Jahren aus. Die Gebäude beherbergten die Aggregate für ein städtisches Kühlhaus.

Das Mauthaus „Am Tabor“ bildete den Abschluss des 1704 errichteten Linienwalls. Das Gebäude gilt als Zeugnis dafür, dass ärarische Bauten im Barock nach künstlerischen Gesichtspunkten gestaltet wurden.

Das Bezirksmuseum Leopoldstadt in der Karmelitergasse.

Die Börse für landwirtschaftliche Produkte. Im Giebel ist die Göttin Kybele mit ihrem Löwengespann zu sehen.

Eine Belastungsprobe der Rotundenbrücke in den 1930er-Jahren.

Die Endstelle der Linie N im Prater. Das typische Gruppenfoto zeigt eine Frau mit Picknick-Korb, die ihrem Mann gerade das Mittagessen gebracht haben dürfte.

Ein Zug der Linie 11 vor dem Fabriksgelände der Firma Siemens-Schuckert, um 1930. Heute steht auf dem ehemaligen Fabriksareal in der Engerthstraße im 2. Bezirk eine städtische Wohnhausanlage.

Viele Wiener kennen dieses Gebäude in der Engerthstraße/Friedrich-Hillegeist-Straße 1 – es ist die Pensionsversicherungsanstalt.

Der Milleniums-Tower bei der U-Bahn und Schnellbahnstation Handelskai ist im Moment das höchste Gebäude Wiens.

Ein Zug der Linie O um 1930. Auf dem Bild sind noch die beiden Markthallen am Beginn der Landstraßer Hauptstraße im 3. Bezirk zu sehen.

Als der O-Wagen noch zur Malinovskijbrücke – der heutigen Floridsdorfer Brücke, die den 20. mit dem 21. Bezirk verbindet – fuhr, um 1950.

Ein Zug der Linie O vor dem Gebäude der Wiener Rettungsgesellschaft in der Radetzkystraße im 3. Bezirk.

Das Personal eines O-Wagens hat sich im Bahnhof Favoriten zum Gruppenfoto aufgestellt.

Ein Zug der Linie 33 vor der Roßauer Kaserne.

Ein „Amerikaner“ vor der Brigitta-Kirche.

Um 1930 herrschte auf der Floridsdorfer Brücke noch Linksverkehr.

Ein 231er überquert die Floridsdorfer Brücke.

5

Der Gürtel und die Zweierlinien

Der Gürtel entstand anstelle des ab 1873 abgebrochenen Linienwalles. Dieser war 1704 zur Abwehr der Kuruzzen errichtet worden. Der Gürtel beginnt im 9. Bezirk und führt bis in den 3. Bezirk. Im Jahre 1893 wurde er verbreitert und es wurden Grünflächen angelegt. Der Gürtel sollte neben dem Ring als zweite Prachtstraße dienen. 1872 fuhr die erste Pferdetram über den Gürtel, ab 1895 waren es dann Dampftrambahnen und im Jahre 1898 wurde die Gürtel-Wientallinie errichtet. Der Architekt Otto Wagner konzipierte die Stadtbahn sowohl in Hoch- als auch als Tiefbaulage. Bis 1925 war die gesamte Strecke elektrifiziert. So war es fast selbstverständlich, dass am Gürtel neben der Stadtbahn viele Straßenbahnen fuhren, so die Linien 8, 18 und 118. Mit ihnen konnten viele Bezirke untereinander verbunden werden.

Die Linie 8 fuhr vom Liechtenwerderplatz bis nach Meidling. Der bekannte Fußballer Turl Wagner steht in der Meidlinger Hauptstraße, wo er sein Geschäft hatte.

Eine zentrale Rolle spielte die Linie 8 für den 15. Bezirk. Hier an der Endstelle am Bahnhof Meidling feierten Angestellte der Wiener Verkehrsbetriebe ein Jubiläum.

Ein Triebwagen der Linie 8 schleppte im Jahre 1958 einen Wagen der Linie 62 ab.

Die Linie 118 führte zuerst von der Stadionbrücke zum Südbahnhof, später hatte sie die Endstelle bei der Stadtbahn Josefstädter Straße. Hier ist sie auf dem Weg über den Margaretengürtel zu sehen.

Die Linie 118 bei der Umkehrstelle Josefstädter Straße. Die Aufnahme entstand 1945, im Hintergrund ist die Breitenfelder Kirche auf dem Hernalser Gürtel erkennbar.

Die Remise in Währing, im Vordergrund sind die Gleise der Stadtbahn zu sehen.

Das Bild zeigt die Eröffnung der Stadtbahn, die mit Dampflokomotiven der Baureihe 30 befahren wurde, bei der Station Michelbeuern. Diese Station wurde allerdings nicht in den Fahrbetrieb übernommen, das große Gebäude diente eine Zeit lang als Markthalle. Von hier aus waren Gleise so gelegt worden, dass Stadtbahnzüge die Trasse der Linie 8 benutzen konnten. Im Hintergrund sieht man den Wasserturm.

Die Aussicht vom Fernheizwerk Alsergrund. Drei wichtige Verkehrslinien sind zu sehen: die Franz-Josefs-Bahn, die U6 und der D-Wagen. Mit der U-Bahn-Station Spittelau entstand ein viel frequentierter Verkehrsknoten.

Die Stadtbahnhaltestelle Gumpendorfer Straße lag an der seinerzeitigen Linie GD = Gürtel, Donaukanal. Im Hintergrund ist die imposante Kuppel der Kirche „Maria vom Siege“ zu sehen, die nach den Plänen von Friedrich Schmidt erbaut wurde.

Ein Stadtbahnzug neben dem Wienfluss, die Brücke über die Wien wurde ebenfalls von Otto Wagner konzipiert. Hier kreuzten die zwei Linien der Stadtbahn, die eine vom Gürtel, die andere vom Wiental kommend.

Die seinerzeitige Ausgangshalle der Stadtbahnhaltestelle Meidling.

So sah es 1905 auf der Zweierlinie bei den Museen aus. Es gab noch keine Liniensignale, diese wurden erst 1907 eingeführt. Bis dahin prangten nur Symbole über den luftigen Führerständen.

Auf der sogenannten Zweierlinie fuhren im 8. Bezirk E2, G2 und H2. Darüber hinaus gab es Abwandlungen dieser Linien, wie z.B. den J2. Es waren sehr lange Linien, so fuhr der H2 von Hernals zur Prater Hauptallee. Hier fährt ein Zweierlinienzug in der Auerspergstraße.

Ein Wagenzug der Linie E2, der gerade aus dem Zweierlinientunnel bei der Rampe der Sezession kommt. Dieser Tunnel zwischen Universitätsstraße und Sezession war genau 1.920 Meter lang, die Tunnelsohle verlief in Tiefen zwischen 7 und 10 Metern. Die Baukosten dieser sogenannten U-Straba betrugen 350 Millionen Schilling. Eröffnet wurde die Strecke im Jahre 1966.

Der Wiener Bürgermeister Bruno Marek (1900–1991) stellte bei der Universitätsstraße nicht nur symbolisch, sondern tatsächlich eine Weiche der U-Straba. Auf dem Bild ist auch der spätere Bürgermeister Felix Slavik zu sehen.

Tausende Schaulustige waren zur Eröffnung der U-Straba gekommen und wollten die ersten Straßenbahnwagen in den Tunnel fahren sehen. Die Straßenbahnführer bekamen anfangs wegen der Lichtverhältnisse beim Ein- und Ausfahren eine Sichtzulage.

Kinder auf einem Ringelspiel, auf dem sich auch ein „Wagen“ der Linie E2 befand.

Ein Zug der Linie U3 in der Station Volkstheater.

6

Die Kunstlinie U3

Beim Bau der U-Bahnlinie U3 stieß man bei vielen Bauabschnitten auf Reste und Fundamente aus dem mittelalterlichen Wien, die in manchen Stationen als kleines Freilichtmuseum gezeigt werden. Darüber hinaus markierte man an der Oberfläche die Grundrisse mancher Gebäude. Dies geschah z.B. in den Stationen Stubentor und Herrengasse/Minoritenplatz. Andere Stationen wurden von namhaften Künstlern gestaltet, die entweder die Stationen oder die Passagen der Aus- und Umsteigstellen mit ihren Werken zierten. Zu nennen wären u.a. Peter Atanasov, Oswald Oberhuber, Anton Lehmden, Adolf Frohner und der Koreaner Nam June Paik.

Die Station Erdberg mit dem Fliesenschmuck von Peter Atanasov.

Funde aus der römischen Zivilstadt von Vindobona fand man bei der Station Rochusgasse. Die Hauptachse der Zivilstadt scheint der heutige Rennweg gewesen zu sein. Gräberfunde gab es im Bereich des alten Aspang-Bahnhofs und in der Oberzellergasse wurde eine große Thermenanlage ergraben.

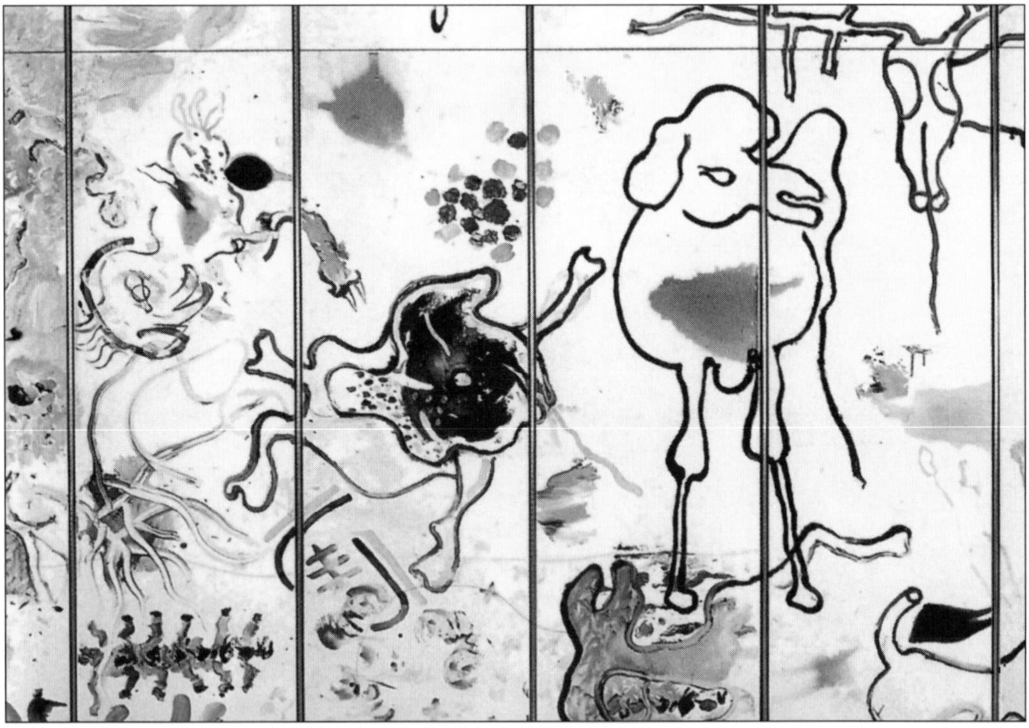

Die Wandgestaltung der Station Landstraße stammt von Professor Oswald Oberhuber.

Anton Lehmden kreierte die Mosaiken der Station Volkstheater.

Blick in den neu gestalteten Hof des Museumsquartiers mit dem Museum moderner Kunst.

Der Abgang zur Station Zieglergasse.

Die U-Bahn-Station Zieglergasse.

In der Station Westbahnhof schuf Adolf Frohner „Die Kulturgeschichte Europas auf 55 Schritten“. Dieser Abschnitt heißt „Die jungfräuliche Erde“ …

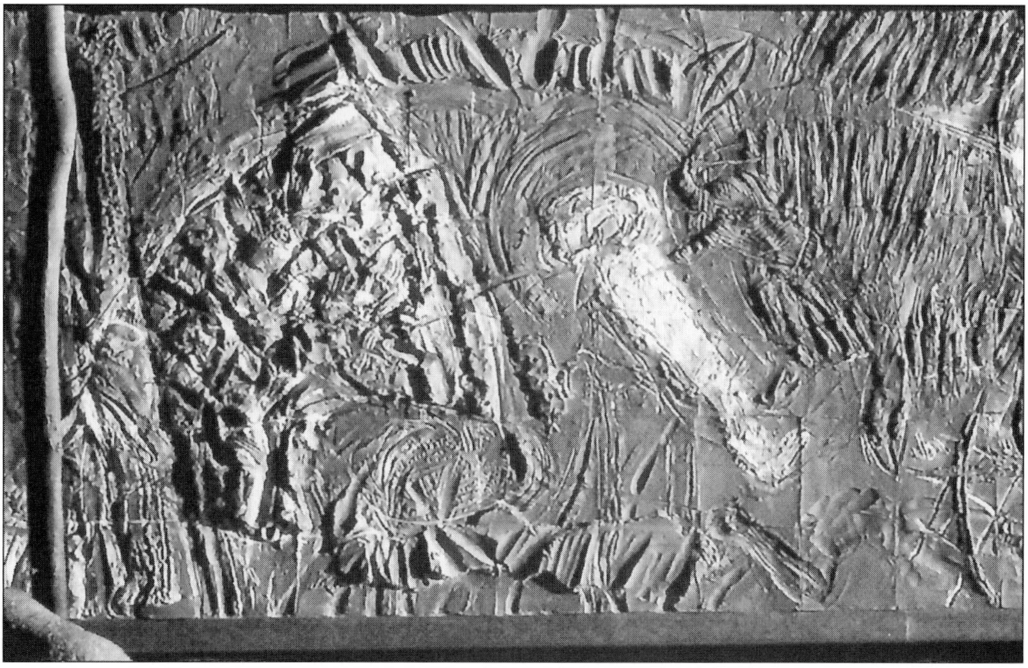

… und dieser Abschnitt „Die Erfindung des Rades und der handeltreibende Mensch“.

„Der Übergang zur Neuzeit mit einer Hommage an Leonardo da Vinci“ von Adolf Frohner in der Station Westbahnhof.

Tele-Archäologie in der Station Schweglerstraße, gestaltet von Nam June Paik. Die Ziegel wurden vom Wiener Ziegelmuseum zur Verfügung gestellt.

7

Von Bahnhof zu Bahnhof – die Linie 5

Im Jahre 1873 begann die Erfolgsgeschichte dieser Linie, die eine Verbindung vom Weltausstellungsgelände im Prater zum Stadtzentrum bilden sollte – allerdings noch als Pferdetramway. Nach Beendigung der Weltausstellung wurden die Gleisanlagen im Prater abgebaut, der 5er begann am Praterstern, seine Endstation hatte er zunächst in der Alserbachstraße, ab 1890 allerdings schon in der Wallgasse nahe dem Westbahnhof. 1897 wurde diese nördliche Transversallinie als eine der ersten elektrifiziert. Seit fast 100 Jahren fährt der 5er auf nahezu unveränderter Strecke vom Praterstern über den Nord-, Nordwest- und Franz-Josefs-Bahnhof zum Westbahnhof. Ältere Wiener werden sich noch erinnern können, dass der 5er in der Josefstadt durch die Albertgasse fuhr und nicht wie heute durch die Laudongasse. Noch eine Besonderheit zeichnet diese Linie aus: Zwischen 1950 und 1955 brachte der 5er die Badelustigen direkt bis ins Gänsehäufel und von 1923 bis 1970 sowie seit 1996 verkehrte er bei Bedarf bis zum Stadion. Ab 2008 wird es diese Streckenführung nicht mehr geben, die U-Bahn erreicht das Stadion gerade rechtzeitig zur Fußballeuropameisterschaft.

Die Straßenbahnlinie 5 vor der 1957 bis 1959 erbauten städtischen Wohnhausanlage „Chopinhof" am Tabor.

Die Kreuzung Währingerstraße/Spitalgasse/Nussdorferstraße war zwischen 1907 und dem Ersten Weltkrieg ein enges Geflecht von Verkehrsmitteln und verschiedenen Straßenbahnlinien. Obwohl noch keine Autos fuhren, drängten sich sowohl regellos querende Fußgänger als auch Kutschen auf der Kreuzung. Im Hintergrund ist das „Colosseum" und schon in der Währingerstraße das Automatenbuffet „Quisisana" zu sehen.

Das Foto zeigt die Linien der fliegenden Funken, als die große Halle des Franz-Josefs-Bahnhofs in kleine Stücke zerteilt wurde. Dieser 1872 eröffnete Kopfbahnhof war vor allem für die Verbindung nach Böhmen wichtig. 1945 wurde er schwer beschädigt, nach dem Krieg provisorisch wieder aufgebaut und wird nun als Bahnlinie vor allem für das Waldviertel benutzt. 1978 musste der alte Bahnhof einem neuen Gebäude Platz machen.

Am Linienwall wurden Kapellen errichtet, die meistens dem hl. Nepomuk geweiht waren. Bei der Kapelle am Tabor wurde der Heilige auch um Schutz gegen das Hochwasser gebeten. Die abgebildete Kapelle ist eine der wenigen noch erhaltenen, sie wurde jedoch versetzt.

Im Jahre 1873 wurde der Nordwestbahnhof gerade rechtzeitig zur Weltausstellung fertig. 1924 wurde er für den Personenverkehr geschlossen und die repräsentative Halle in den „Schneepalast“ umgewandelt, wo man in der Stadt Ski fahren konnte. 1938 nutzten Nazi-Politiker die Halle für die Ausstellung „Der ewige Jude“. Auf dem Foto sind auch die Gleise der Linie 5 in der Taborstraße zu sehen.

Der Nordbahnhof, erbaut 1858 bis 1865 von Theodor Hoffmann, war ein beeindruckendes Zeugnis des Romantischen Historismus. Bomben zerstörten 1945 einen Teil des Bahnhofes. Doch im Gegensatz zu anderen Städten wie Paris oder Köln war man nicht an der Erhaltung eines so bedeutenden Bauwerkes interessiert und so sprengte man bis 1965 auch die noch völlig erhaltenen Teile.

Ein Wagen der Linie 5 vor dem Nordbahnhof. Beeindruckende Reste und Figuren des alten Bahnhofes findet man heute im Bezirksmuseum Leopoldstadt.

Der 5er mit offener Plattform am Praterstern, aufgenommen am 12. Juli 1931 auf der Fahrt zur Reichsbrücke.

Der Bahnhof Praterstern ist ein wichtiger Verkehrsknotenpunkt. Hier hat auch der 5er seine Endstation und trifft auf viele andere Linien sowie auf die Trasse der ÖBB. Früher war der 5er mit nur acht Meter langen, zweiachsigen Wagen ausgestattet, seit 8. September 2007 verkehrt der 36 Meter lange Niederflurwagen der Bauart „Ulf" auf der Strecke zwischen Praterstern und Westbahnhof.

Am Westbahnhof ist die Endstelle der Linie 5. Hier ist der Abgang zu den U-Bahnstationen U3 und U6 zu sehen. Der erste Westbahnhof entstand 1857 bis 1859 als Bahnhof der Kaiserin-Elisabeth-Westbahn. Im Jahre 1945 brannte er total aus, wurde abgerissen und durch einen Neubau ersetzt.

Der „Bäderverkehr" spielte sich zwischen den Strandbädern der Alten Donau und dem ehemaligen Überschwemmungsgebiet ab. An schönen Sonntagen verkehrten viele Straßenbahnen, wie die Linien 16, 24 und 25, zwischen Vorgartenstraße, Mexikoplatz und den Bädern. Mit zunehmendem Individualverkehr fanden diese Linien 1959 ein Ende.

An schönen Tagen wurde der 5er bis zum Mexikoplatz geführt, hier war ab 1932 die Umsteigstelle von der Linie 5 zu den Linien des „Bäderverkehres". Da die damals schweren Triebwagen nicht über die Kronprinz-Rudolf-Brücke – die spätere Reichsbrücke – fahren durften, verwendete man für die Überquerung der Donaubrücke leichtere Wagen.

Die Wiener strömen, ob mit der Straßenbahn 16 oder auf Rädern, zu den Wiener Strandbädern.

Die Kronprinz-Rudolf-Brücke, die Vorgängerin der Reichsbrücke, wurde 1872 bis 1876 erbaut und im Jahre 1934 abgebrochen. Über die Brücke durfte nur einspurig gefahren werden, eine Ampel am linken Pfeiler regelte die Durchfahrt.

Die Aufnahme zeigt einen Straßenbahnzug der Linie Bk von der Reichsbrücke kommend. Die Reichsbrücke wurde 1934 erbaut. 1945 konnte ihre Sprengung verhindert werden, nicht aber die Umbenennung in „Brücke der Roten Armee“. Am 1. August 1976 um 4.43 Uhr stürzte die Brücke ein, ein Autobus sowie ein Auto wurden in die Tiefe gerissen, dabei gab es Tote zu beklagen. Am 8. November 1980 wurde die neue Reichsbrücke dem Verkehr übergeben.

8

Linie 13 – eine Legende unter den Straßenbahnen

Schwer zu sagen, warum der 13er zu einer legendären Linie wurde. Er beginnt an der Skodagasse nahe der Alserstraße, windet sich durch enge Gassen, vielfach bergauf und bergab, sowohl in der Josefstadt als auch am Neubau, um endlich im Wiental bei der Pilgrambrücke anzukommen, schlängelt sich im 5. Bezirk wieder durch schmale Gassen und erklimmt im 4. Bezirk die Höhe, um am Südbahnhof anzukommen. Keine Prachtstraßen säumen seinen Weg, keine spektakulären Gebäude, aber solide bürgerliche Häuser aus dem 19. Jahrhundert, als die Vorstädte Wien eingemeindet wurden. Sie zeugen von einer Linie, die die westlichen Bezirke Wiens nicht nur verkehrstechnisch miteinander verbindet.

Im Jahre 1900 wurde die Linie mit dem Signal 3 eröffnet, da es jedoch zwei 3er-Linien gab, eine die vom Süd- zum Nordwestbahnhof und eine zweite, die zur Alserstraße führte, wurde letztere dann in 13 umbenannt.

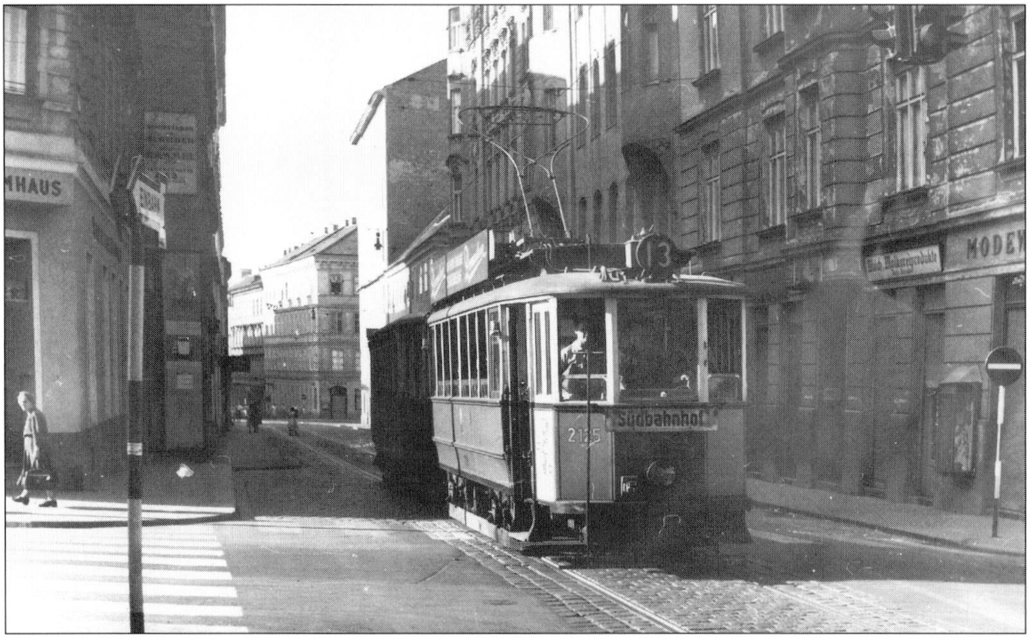

Der 13er in der Lederergasse mit Blick auf die Laudongasse.

Die Linie 3, später 13, vor dem Haus Neubaugasse 37. An der Ecke ist „Pfeiffer's Puppen Paradies" zu erkennen. Die 1873 gegründete Firma produzierte Puppen und Spielwaren, die bis nach Ägypten und Südamerika exportiert wurden, sowie Stilmöbel für Kinder. Sie bestand bis knapp vor 1959, in diesem Jahr wurde das Haus abgerissen und ein Gemeindebau errichtet. Interessant ist die Plakatwand, auf der für die Kinos im 7. Bezirk geworben wird.

Die ausschließlich aus Herren bestehende Versammlung der Genossenschaften des 6. Bezirks vor dem Amtshaus für den 6. Bezirk. Dieses befand sich 1906, als die Aufnahme entstand, noch im heute nicht mehr existierenden Sommerpalais Kaunitz, später Eszterházy, in der Amerlingstraße 6. Das Gebäude wurde 1969 demoliert und durch einen Neubau ersetzt, in dem sich das BG 6 befindet.

In Richtung Pilgramgasse fährt der 13er an der Hofmühlgasse 17 vorbei, dem Haus der berühmten Tänzerin Fanny Elßler (1810–1884), und überquert die ehemalige Stadtbahn. Typisch für die Zeit um 1840 sind die meist dreistöckigen Häuser, die zu ihrer Entstehungszeit als einfallslos galten. Heute allerdings werden sie zudem durch hässliche Dachaufbauten verschandelt.

Von der Ziegelofengasse kommend quert der 13er im Jahre 1935 den Margaretenplatz, wo noch der Auslaufbrunnen der Kaiser-Ferdinands-Wasserleitung steht, die später versetzt wurde. Ein Relikt aus älteren Tagen ist eine Filiale der Firma Meinl. Auf dem Platz verkehrten auch die Linien 3 und 61.

Blick auf die Linke Wienzeile Richtung Pilgramgasse. Ein Wagen der Linie 3 quert die Gleise der Linie 61, die zum Meidlinger Südbahnhof führt.

Ein Straßenbahnzug der Linie 13 Ecke Rainergasse und Wiedner Hauptstraße beim „Dreimäderlhaus“ – ein ungewöhnlicher Name für ein Elektrowarengeschäft.

Als 1961 die letzte Tram der Linie 13 fuhr, wurde dieses Ereignis von der Bevölkerung betrauert. Der Wagen wurde bekränzt, Trauerpaten erschienen, die Menschen sprangen auf die Trittbretter und die Tram fuhr im Schritttempo. Ab diesem Zeitpunkt fuhren die Busse der Linie 13, später 13A.

Von 1961 bis 1990 wurden auch doppelstöckige Autobusse eingesetzt, deren besonderer Reiz für jüngere Fahrgäste darin bestand, die erste Reihe im Stock zu besetzen, hatte man von dort aus doch tolle Einsichten in die Wohnungen der unteren Etagen. Abgekommen war man von den Doppelstöckern auch deshalb, weil sie in den engen Straßen ungelenk zu manövrieren waren. Auf diesem Foto fährt der 13er am Haus Strozzigasse 26 vorbei.

Zur Weltausstellung des Jahres 1873 wurde der zweite Südbahnhof von Wilhelm Flattich fertig. Durch den starken Bahnverkehr in den Süden und Südosten der Monarchie war eine Vergrößerung des Bahnhofes notwendig geworden. Dieser zeichnete sich vor allen anderen Bahnhöfen durch eine erlesene Eleganz aus. Im Jahre 1945 wurde der Bahnhof zerstört. Am Südbahnhof hat der 13er seine Endstelle, nachdem er die Bezirke 8, 7, 6, 5, 4 durchquert und schließlich im 10. gelandet ist.

9

Die Buchstabenlinien

Mancher Besucher Wiens, aber auch die Wiener selbst, stehen etwas ratlos, wenn sie mit den Linienbezeichnungen der Straßenbahnen und Autobusse konfrontiert werden. Da gibt es Buchstaben und Ziffern, dazu kommen noch Zusätze wie „k" oder ein tiefgestellter Zweier. Des Rätsels Lösung: Linien, die neben Radialstrecken auch ein Stück Ringstraße befuhren, wurden mit Buchstaben gekennzeichnet (A bis Z). Linien, die auch die Lastenstraße befuhren, wurden zusätzlich durch die tiefgestellte 2 gekennzeichnet (die Linien E2, G2 und H2). Rundlinien – vom Zentrum stadtauswärts geordnet – erhielten die Zahlen 1 bis 10, die für die Ringstraße reservierte Ziffer 1 wurde nicht verwendet. Verlängerungslinien wurden mit 10 erweitert (3 und 13, 5 und 15) fallweise auch mit Hunderterziffern wie 231, 331 oder 260 und 360. Von diesen Buchstabenlinien verkehren nur mehr die Linien 4: D, J, N, O. Seit der Einstellung der Linien A, B, Ak und Bk, bedingt durch den Ausbau der U-Bahn, wurden zwei Rundlinien um den Ring geführt, die nun mit den Nummern 1 und 2 bezeichnet werden.

Das Stationshaus der Linie D beim Südbahnhof.

Der Blick vom Unteren Belvedere zum Oberen Belvedere.

Der Turm der Fernwärme Spittelau.

Das Fernwärmewerk Spittelau.

Der Karl-Marx-Hof.

Die Linie D vor dem Karl-Marx-Hof.

Der Löwe bei der Nußdorfer Schleuse.

Der Nußdorfer Platz mit einem Zug mit Dampflokomotive. Man beachte den unbefestigten Straßenabschnitt.

Die Endstelle der Linie D in Nußdorf.

Die Endstelle der Linien D und 13 beim Südbahnhof.

10

Die Linie J – viel gescholten, viel geliebt

Ab dem Jahre 1907 verkehrte die Linie J zwischen dem Schottenhof in Ottakring, Neulerchenfelder- und Josefstädterstraße, über den Ring nach Erdberg und von dort zur Stadionbrücke. An Renntagen gab es auch eine Verlängerung in die Freudenau. Als man die U3 in Angriff nahm, erwog man, die Linie J durch einen Autobus zu ersetzen. 1983 bildete sich in der Josefstädter Schlösselgasse eine Bürgerinitiative, die sich für die Beibehaltung des J-Wagens einsetzte. Hunderte von Zuschriften gingen ein, die mit dem Argument, die Abgasbelästigung für den Bezirk in Grenzen halten zu wollen, für die Erhaltung der Tram eintraten. Außerdem protestierten Schüler der HAK in der Akademiestraße gegen die Lärmbelästigung, als man vor ihrer Schule die J-Wagenschleife legen wollte. Heute fährt der J-Wagen vom Karlsplatz bis zur Endstelle in Ottakring.

Blick von der 2er-Linie in die Josefstädterstraße. Vor dem Café Eiles erkennt man die Abzweigung J und J2. Im Hintergrund ist die Direktion des Gaswerkes in der Josefstädterstraße 8 zu sehen. Heute wird das Gebäude, an dem noch die letzte Gaslaterne Wiens brennt, in ein Hotel umgewandelt.

Der J-Wagen mit dem Ziel Stalinplatz. Nach der Besetzung Österreichs durch die Alliierten im Jahre 1945 benannten die Russen viele Örtlichkeiten um, so auch den Schwarzenbergplatz in Stalinplatz. Nach dem Abzug der Besatzungsmächte 1955 erhielt der Platz 1956 wieder seinen alten Namen.

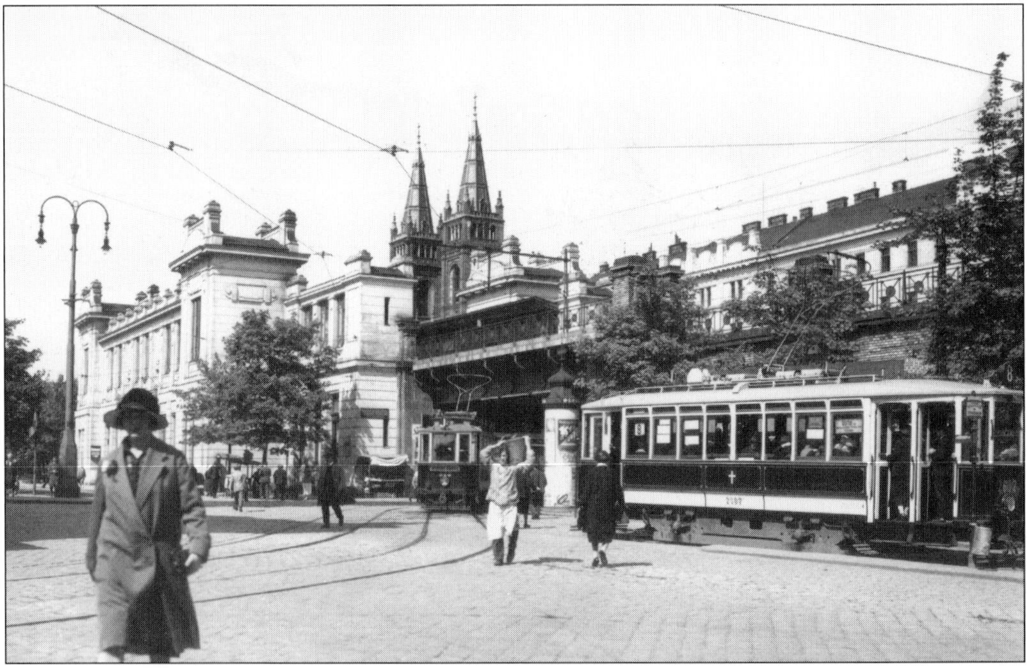

Ein Wagen der Linie J fährt unter der Brücke der Stadtbahnhaltestelle (heute U6) Josefstädterstraße hindurch in die Neulerchenfelderstraße. Vom Lerchenfeldergürtel fährt gerade der 8er weg. Im Hintergrund ist die diese Anhöhe dominierende Breitenfelder Kirche zu sehen.

Die Kreuzung Neulerchenfelderstraße und Friedmanngasse. Der Austria-Brunnen wurde anlässlich des Kaiserjubiläums errichtet. Im Zweiten Weltkrieg fiel die Figur der Metalleinschmelzung zum Opfer, Bomben zerstörten den Sockel und die dahinter liegenden Häuser. Heute befindet sich hier eine kleine Grünfläche. Im Vordergrund sind die Schienen der Linie J zu sehen.

In Ottakring führt die Route der Linie J über den Johann-Nepomuk-Berger-Platz. Ein Wagen der Linie G fuhr von 1907 bis 1922 von Hernals bis zur Burggasse am Ring. Ein Bombenteppich am 22. März 1945 zerstörte das Neulerchenfeld, ein typisches Arbeiterviertel, in dem seinerzeit einige der Seidenwebergesellen vom Schottenfeld gewohnt hatten.

Der Schottenhof an der Kreuzung Sandleitengasse und Ottakringerstraße war die Endstation des J-Wagens als Pferdetram. Die Besitzer des Schottenhofes lassen sich bis ins 14. Jahrhundert zurückverfolgen, 1777 kam der Hof ans Schottenstift, woher auch der Name stammt. 1964/65 wurde er abgebrochen und eine Wohnhausanlage gebaut. Das Kruckenkreuz an der Plakatwand spricht dafür, dass das Foto vor 1938 entstand.

Das beliebte Heurigen-Gasthaus „Die 10er Marie" in der Ottakringerstraße 222 im Jahre 1950. Der Name stammt von der früheren Conscriptionsnummer 10, der Vorname von der Wirtin Marie Haimböck. Kronprinz Rudolf, der Dichter Josef Weinheber und Emmerich Kálmán besuchten gerne diesen Heurigen.

Bilder aus der Donaustadt.

Ein Zug der Linie 317 in Aspern auf dem Siegesplatz.

Der 117er in Richtung Floridsdorf am Spitz.

Dieser Zug der Linie 65 Richtung Favoriten fährt zum Stefan-Fadinger-Platz.

Die Gürtelunterführung Matzleinsdorferplatz mit der Linie 6 im Jahre 1952.

Der Umbau des Matzleindsdorferplatzes. Im Hintergrund erkennt man die Kirche des evangelischen Friedhofes.

Die Baustelle der Gürtelunterführung am Südtirolerplatz mit der Linie 67 im Jahre 1958.

11

Die Arbeitswelt

Viele Beschäftigte der Wiener Straßenbahnen waren für den Fahrgast nicht zu bemerken – sie arbeiteten in Remisen und Werkstätten. Nur die Fahrer, die Schaffner und Schaffnerinnen der Fahrzeuge bekamen die Benützter der Straßenbahn zu Gesicht. In den Anfangszeiten des Linienverkehrs nannte man sie Kondukteure und sie hatten ein vielfältiges Aufgabengebiet. Dazu gehörte vor allem, den Zug „abzuläuten", d.h. dem Fahrer durch ein Klingelsignal bekannt zu geben, dass abgefahren werden konnte. Aufsicht war umso notwendiger, als die Straßenbahnwagen offene Plattformen hatten und man auf- und auch abspringen konnte. Weiters verkauften die Schaffner Fahrkarten, entwerteten sie – z.B. durch Zwicken des Fahrscheines – und gaben Auskunft über die Strecke. Schwarzfahrer gab es zu diesen Zeiten sehr wenige, da dem aufmerksamen Auge des Schaffners nichts entging. Im Jahre 1963 waren alle Waggons noch mit Schaffnern besetzt, insgesamt waren es 2.000. Als die selbstschließenden Waggons eingesetzt wurden, standen viele Schaffner und Schaffnerinnen auf dem Abstellgleis – 400 konnten als Fahrer umgeschult werden.

Ein Schienenreinigungswagen in der Simmeringer Hauptstraße, um 1958.

Straßenbahner in Winteradjustierung um 1910.

Ein typisches Gruppenfoto zeigt einen offenen Triebwagen Richtung Meidling Bahnhof.

Straßenbahner um 1900 nach Dienstschluss in der Tivoligasse.

Im strengen Winter des Jahres 1945 strömten die Menschen in den Wienerwald, um Holz zu sammeln.

Eine Schaffnerin während des Ersten Weltkriegs.

Ein Mitglied der Musikkapelle der Wiener Stadtwerke um 1910.

Zugbegleiter der Linie 3 stellen sich zu einem Gruppenfoto zusammen.

Die Belegschaft einer Remise beim Gruppenfoto im Betriebsbahnhof Favoriten um 1901.

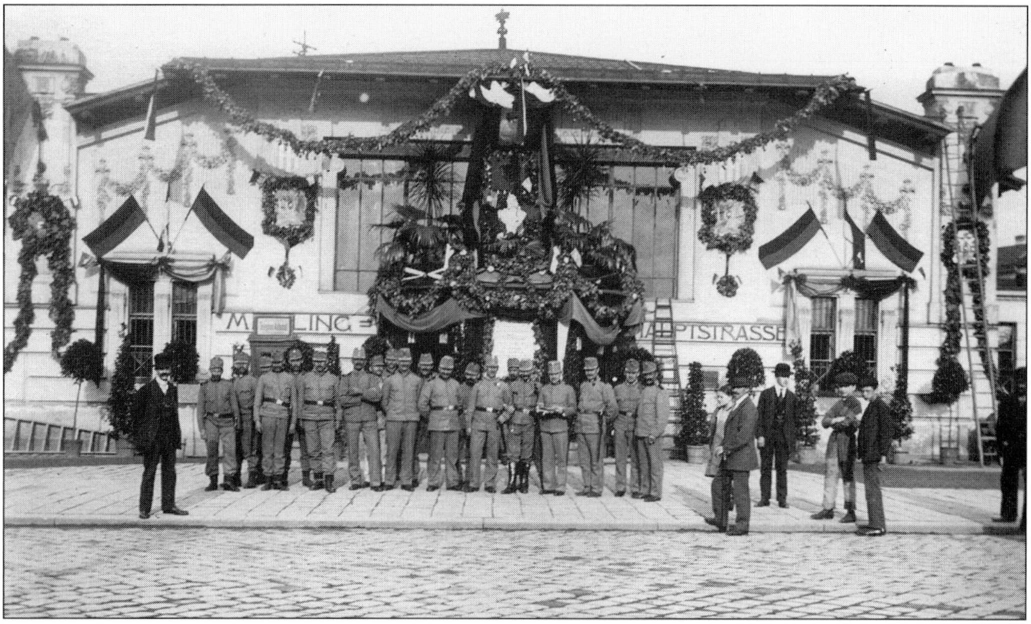

Das Infanterieregiment Nr. 4, Hoch- und Deutschmeister stellte sich im Jahre 1914/15 vor der Abfahrt an die Front vor der Stadtbahnstation Meidling dem Fotografen.

Das Infanterieregiment Nr. 4 vor der Stadtbahnstation Meidling zum Jubiläum des Jahres 1916.

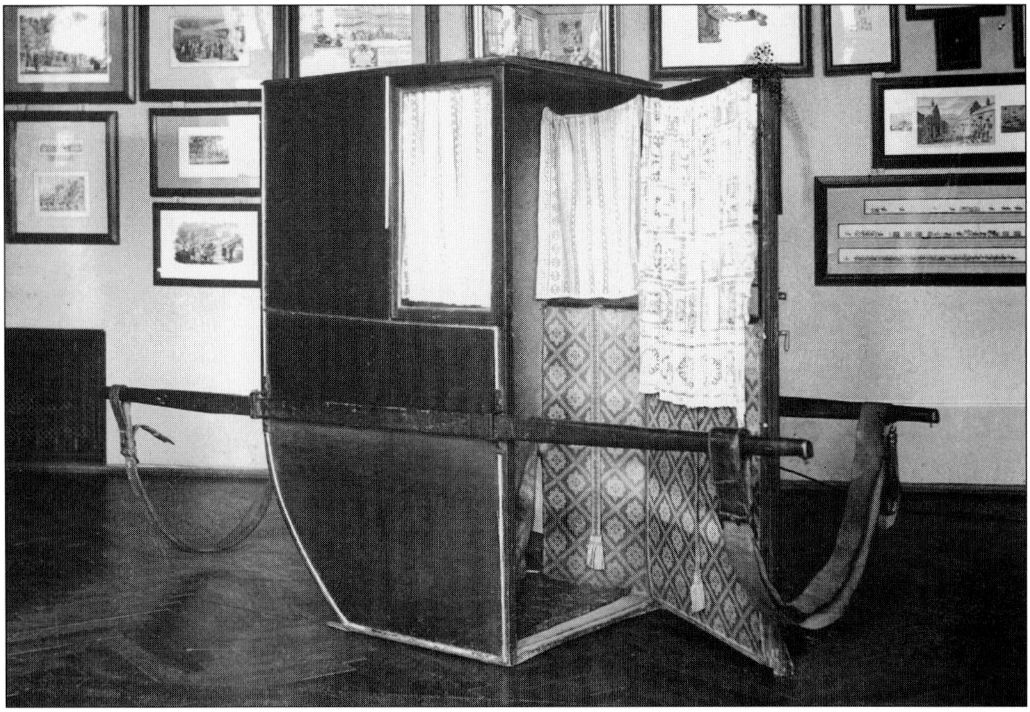

Die folgenden Aufnahmen zeugen von der Vielfalt der verschiedenen Beförderungsmittel, von der Sänfte bis zur U-Bahn. Schon 1689 erhielt Michael de la Place ein Privileg zur Beschäftigung von Sesselträgern. Dieser Tragsessel stammt aus dem Bezirksmuseum Innere Stadt.

Ein Stellwagen der Linienführung Am Hof–Gersthof–Pötzleinsdorf.

Ein Autobus der Gemeinde Wien (oben) und ein Autobus mit offenem Fahrersitz.

Eine Autobusremise.

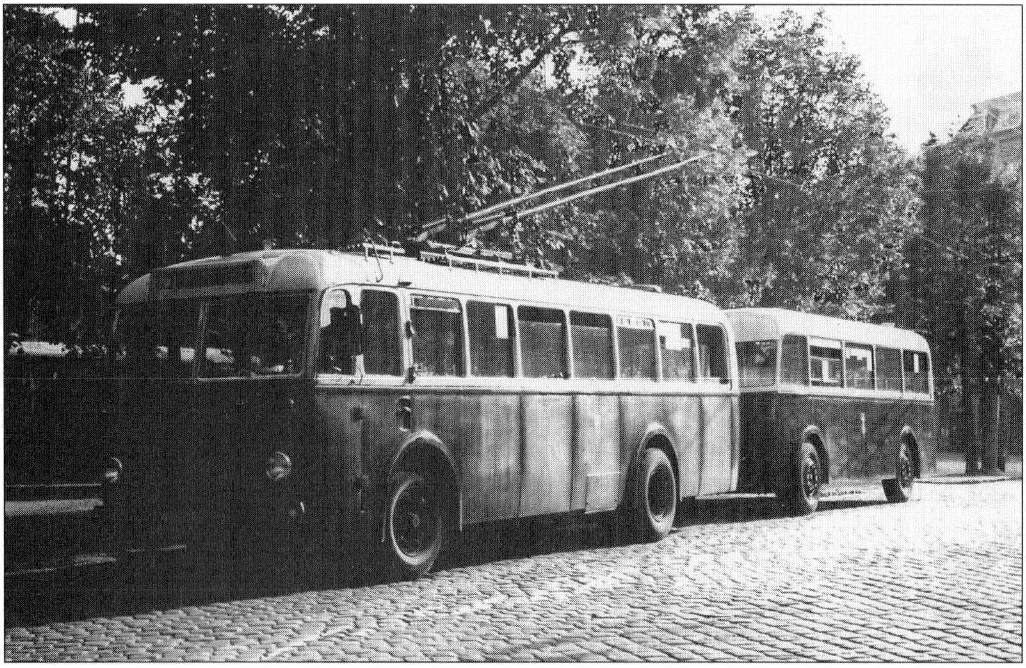

Ein Bus mit elektrischer Oberleitung.

Die U-Bahn in der Station Schwedenplatz.

Muster verschiedener Fahrscheine.

Ein Schienentransportwagen.

Und zum Abschluss eine Remise.

Die beiden Aufnahmen zeigen die Werkstatt der Verkehrsbetriebe in der Aßmayergasse im 12. Bezirk. Diese Fotos stammen aus den 1960er-Jahren. Man beachte die schwere Handarbeit, die damals noch geleistet werden musste.

Beide Aufnahmen zeigen einen Blick in eine Werkstätte.

Am 31. Oktober 1944 ereignete sich in der Reinlgasse ein schrecklicher Unfall, bei dem mehrere Tote zu beklagen waren.

Überreste des Unfalltriebwagens der Reinlgasse.

Am 19. Oktober 1956 fuhr ein Zug der Linie 13, von der Lambrechtgasse kommend, über die Kreuzung Wiedner Hauptstraße. Er wurde von der Badner Bahn gerammt und umgeworfen. Zehn Personen wurden verletzt. Ursache für den Unfall war ein Bremsversagen beim Triebwagen der Badner Bahn. Der Unfall erregte großes Aufsehen und die Schaulustigen mussten erst von einem Polizeieinsatzkommando verscheucht werden.